Impressum
Verlag: BABADADA GmbH, Nedderfeld 112 , 22529 Hamburg
Geschäftsführer / Verlagsleitung: Harald Hof
Druck: Books on Demand GmbH, In de Tarpen 42, 22848 Norderstedt

Imprint
Publisher: BABADADA GmbH, Nedderfeld 112 , 22529 Hamburg, Germany
Managing Director / Publishing direction: Harald Hof
Print: Books on Demand GmbH, In de Tarpen 42, 22848 Norderstedt

school

escola

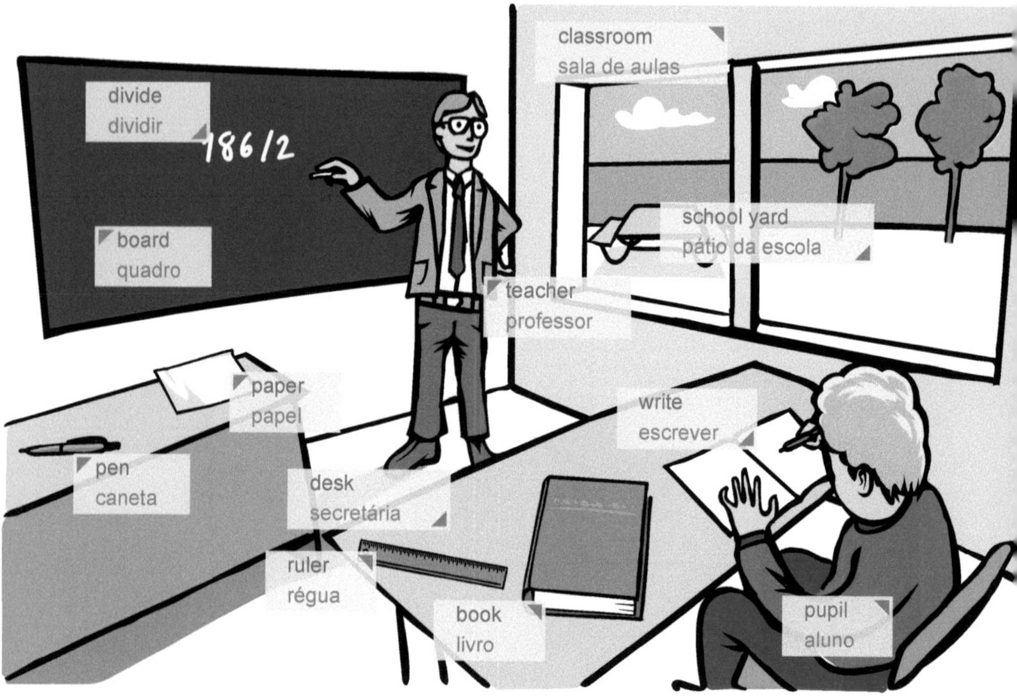
classroom
sala de aulas
divide
dividir
186/2
board
quadro
school yard
pátio da escola
teacher
professor
paper
papel
write
escrever
pen
caneta
desk
secretária
ruler
régua
book
livro
pupil
aluno

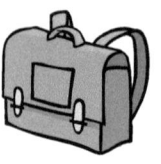

satchel
mochila

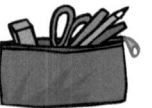

pencil case
estojo de lápis

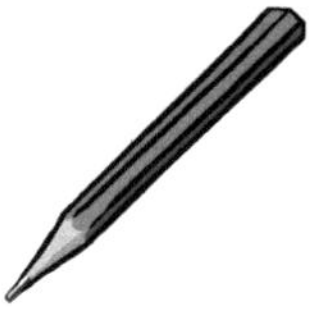

pencil
lápis

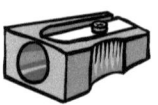

pencil sharpener
afia-lápis

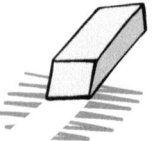

rubber
borracha

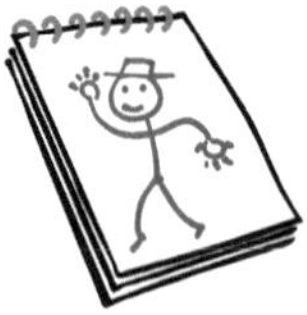

drawing pad
bloco de desenho

drawing

desenho

paintbrush

pincel

paint box

caixa de tintas

scissors

tesoura

glue

cola

exercise book

livro de exercícios

homework

trabalhos de casa

number

número

2+2

add

somar

subtract

subtrair

multiply

multiplicar

calculate

calcular

letter

letra

ABCDEFG
HIJKLMN
OPQRSTU
VWXYZ

alphabet

alfabeto

word

palavra

text
....
texto

read
....
ler

chalk
....
giz

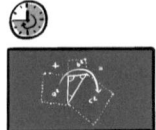

lesson
....
hora

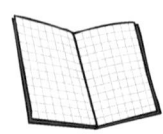

register
....
registo de presenças

examination
....
exame

certificate
....
certificado

school uniform
....
uniforme escolar

education
....
educação

encyclopedia
....
enciclopédia

university
....
universidade

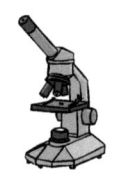

microscope
....
microscópio

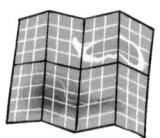

map
....
mapa

waste-paper basket
....
cesto de lixo

travel
viagem

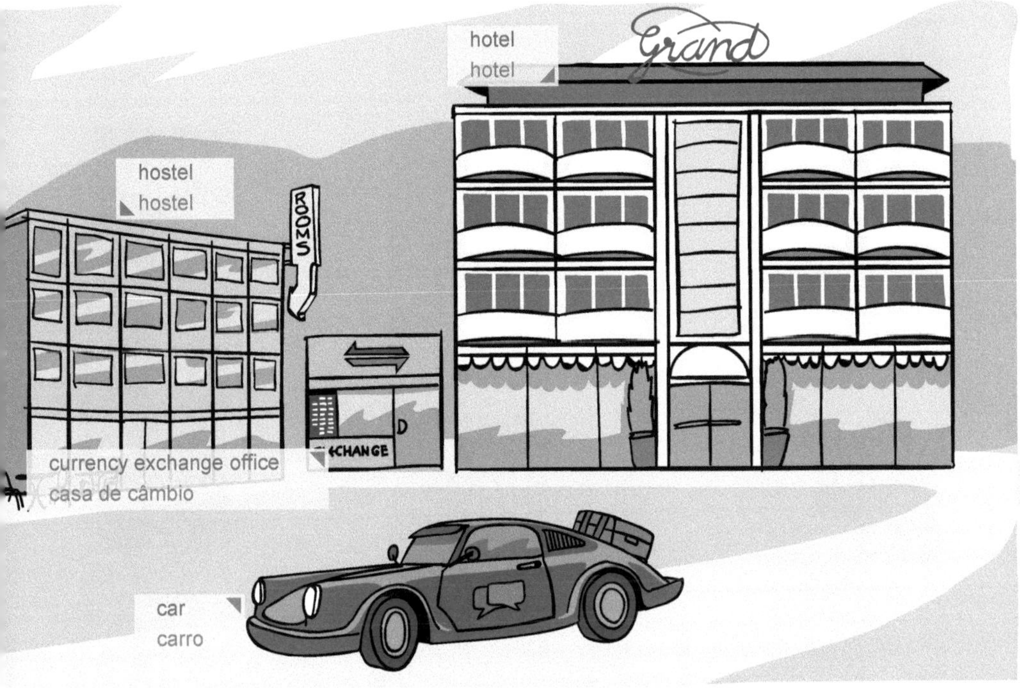

hotel
hotel
Grand
hostel
hostel
ROOMS
EXCHANGE
currency exchange office
casa de câmbio
car
carro

language
idioma

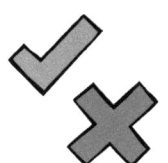

yes / no
sim / não

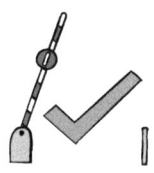

Okay
ok / certo / correto

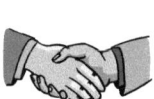

hello
olá

translator
intérprete

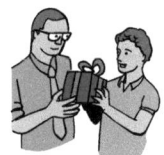

Thank you
obrigado

how much is…?

quanto é que custa… ?

I don´t get it

não entendo

problem

problema

Good evening!

boa noite!

Good morning!

Bom dia!

Good night!

Boa noite!

goodbye

adeus

direction

direção

luggage

bagagem

bag

saco

backpack

mochila

guest

convidado

room

quarto

sleeping bag

saco-cama

tent

tenda

travel - viagem

tourist information	beach	credit card
informação turística	praia	cartão de crédito

breakfast	lunch	dinner
pequeno-almoço	almoço	jantar

Ticket	elevator	stamp
bilhete	elevador	selo postal

border	customs	embassy
fronteira	alfândega	embaixada

visa	passport	
visto	passaporte	

transport
transporte

airplane
avião

ship
navio

fire truck
carro de bombeiros

bus
autocarro

truck
camião

motorboat
barco a motor

car
carro

bike
bicicleta

ferry
cacilheiro

boat
barco

motorbike
mota

police car
carro de polícia

racing car
carro de corrida

rental car
carro alugado

transport - transporte

car sharing

carsharing

tow truck

camião de reboque

garbage truck

camião do lixo

engine

motor

fuel

combustível

fuel station

estação de serviço

traffic sign

sinal de trânsito

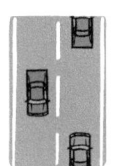

traffic

trânsito

traffic jam

congestionamento de trânsito

parking lot

arque de estacionamento

train station

estação ferroviária

tracks

carris

train

comboio

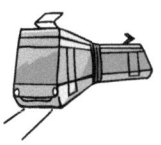

tram

elétrico

wagon

carruagem

helicopter

helicóptero

airport

aeroporto

tower

torre

passenger

passageiro

container

contentor

carton

caixa de papelão

cart

carrinho

basket

cesto

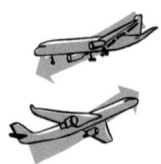

take off / land

levantar voo / aterrar

city
cidade

village

aldeia

city center

centro da cidade

house

casa

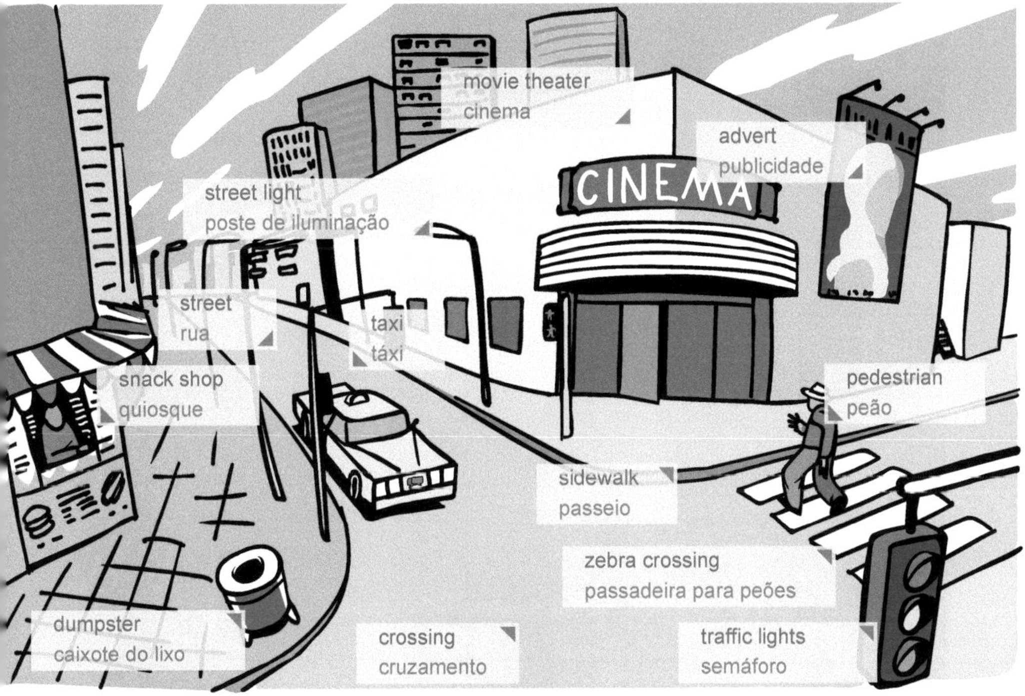

movie theater
cinema
advert
publicidade
CINEMA
street light
poste de iluminação
street
rua
taxi
táxi
snack shop
quiosque
pedestrian
peão
sidewalk
passeio
zebra crossing
passadeira para peões
dumpster
caixote do lixo
crossing
cruzamento
traffic lights
semáforo

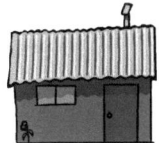

hut

cabana

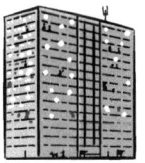

apartment

apartamento

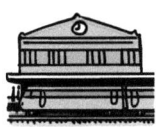

train station

estação ferroviária

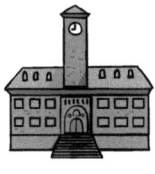

city hall

câmara municipal

MUSEUM

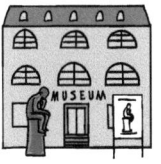

museum

museu

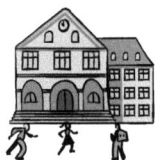

school

escola

university
universidade

bank
banco

hospital
hospital

hotel
hotel

pharmacy
farmácia

office
escritório

book shop
livraria

shop
loja

flower shop
florista

supermarket
supermercado

market
mercado

department store
loja de departamentos

fishmonger's shop
peixaria

mall
centro comercial

harbor
porto

park

parque

bench

banco

bridge

ponte

stairs

escadas

subway

metro

tunnel

túnel

bus stop

paragem de autocarro

bar

bar

restaurant

restaurante

postbox

caixa de correio

street sign

sinal de trânsito

parking meter

parquímetro

zoo

jardim zoológico

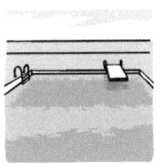

swimming pool

piscina

mosque

mesquita

farm
quinta

pollution
poluição

cemetery
cemitério

church
igreja

playground
parque infantil

temple
templo

landscape
paisagem

signpost
placa de sinalização

path
caminho

meadow
prado

stone
pedra

hiker
caminhantes

tree
árvore

river
rio

grass
relva

flower
flor

valley

vale

hill

montanha

lake

lago

forest

floresta

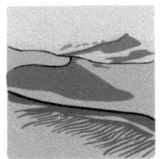

desert

deserto

volcano

vulcão

castle

castelo

rainbow

arco-íris

mushroom

cogumelo

palm tree

palma

mosquito

mosquito

fly

mosca

ant

formiga

bee

abelha

spider

aranha

landscape - paisagem

beetle

besouro

frog

sapo

squirrel

esquilo

hedgehog

ouriço

hare

lebre

owl

coruja

bird

pássaro

swan

cisne

boar

javali

deer

veado

moose

alce

dam

barragem

wind turbine

turbina eólica

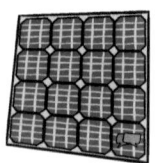

solar panel

painel solar

climate

clima

restaurant
restaurante

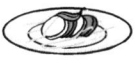

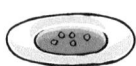

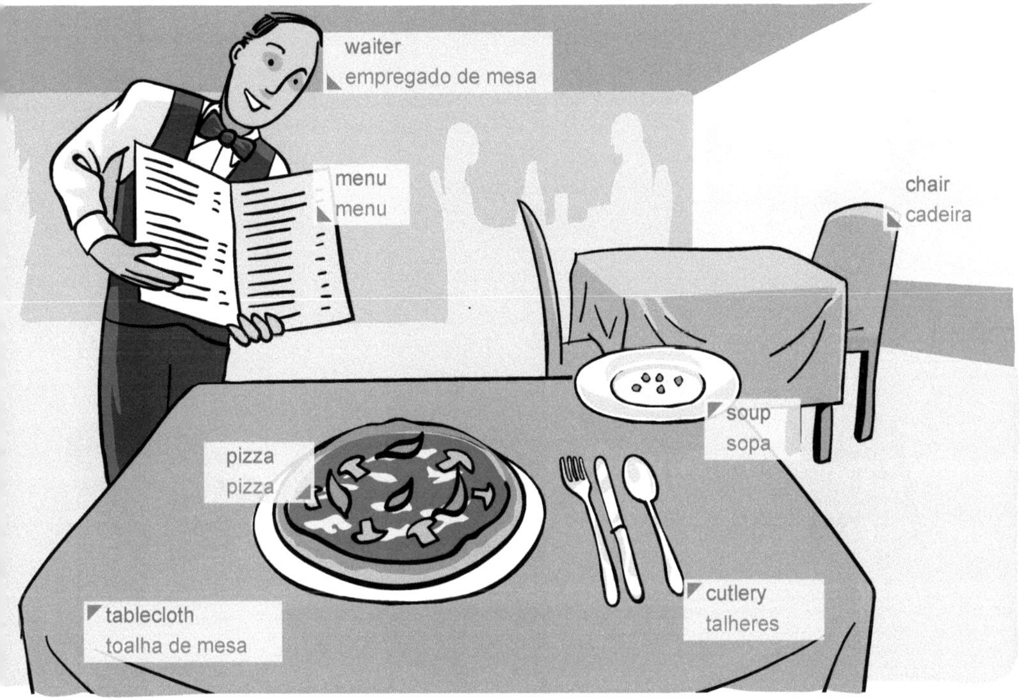
waiter
empregado de mesa
menu
menu
chair
cadeira
soup
sopa
pizza
pizza
cutlery
talheres
tablecloth
toalha de mesa

starter
entrada

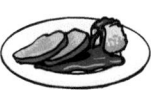

main course
prato principal

dessert
sobremesa

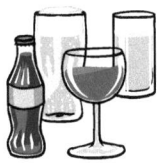

drinks
bebidas

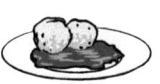

food
comida

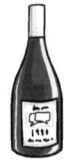

bottle
garrafa

fast food

fast food

street food

comida de rua

teapot

bule de chá

sugar bowl

açucareiro

portion

porção

espresso machine

máquina de café expresso

high chair

cadeira alta

bill

conta

tray

bandeja

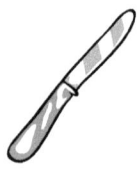

knife

faca

fork

garfo

spoon

colher

teaspoon

colher de chá

serviette

guardanapo

glass

copo

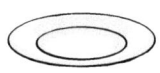

plate
prato

soup plate
prato de sopa

saucer
pires

sauce
molho

salt shaker
saleiro

pepper mill
moinho de pimenta

vinegar
vinagre

oil
óleo

spices
especiarias

ketchup
ketchup

mustard
mostarda

mayonnaise
maionese

supermarket
supermercado

special offer
oferta especial
customer
cliente
dairy products
laticínios
fruit
fruta
shopping cart
carrinho de compras
FOR

BUTCHERS

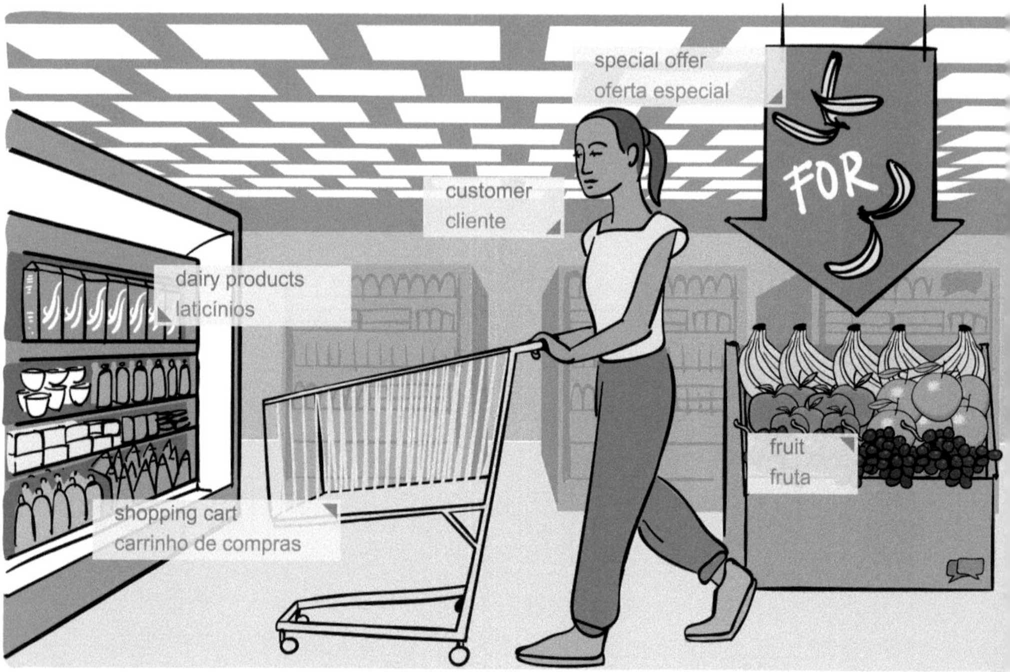

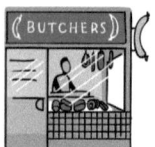

butcher's shop

talho

BAKERY

bakery

padaria

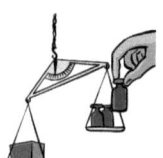

weigh

pesar

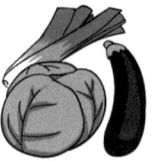

vegetables

vegetais

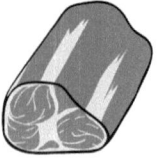

meat

carne

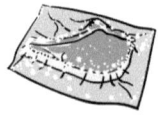

frozen food

alimentos congelados

cold cuts

charcutaria

canned food

comida enlatada

detergent

detergente em pó

candy

doces

household products

artigos domésticos

cleaning products

produtos de limpeza

sales representative

vendedora

cash register

caixa

cashier

caixa

shopping list

lista de compras

opening hours

horário de funcionamento

wallet

carteira

credit card

cartão de crédito

bag

saco

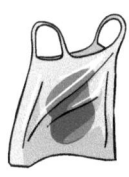

plastic bag

saco de plástico

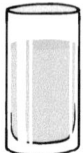

water

água

juice

sumo

milk

leite

coke

coca-cola

wine

vinho

beer

cerveja

alcohol

álcool

cocoa

cacau

tea

chá

coffee

café

espresso

café expresso

cappuccino

capuccino

banana
banana

apple
maçã

orange
laranja

melon
melão

lemon
limão

carrot
cenoura

garlic
alho

bamboo
bambu

onion
cebola

mushroom
cogumelo

nuts
nozes

noodles
talharim

spaghetti

esparguete

rice

arroz

salad

salada

fries

batatas fritas

fried potatoes

batatas fritas

pizza

pizza

hamburger

hambúrguer

sandwich

sanduíche

escalope

bife panado

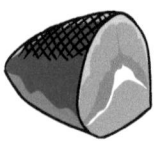

ham

fiambre

salami

salame

sausage

salsicha

chicken

galinha

roast

assado

fish

peixe

porridge oats

flocos de aveia

muesli

muesli

cornflakes

flocos de milho

flour

farinha

croissant

croissant

bread roll

carcaça (pãozinho)

bread

pão

toast

torrada

cookies

biscoitos

butter

manteiga

curd

requeijão

cake

bolo

egg

ovo

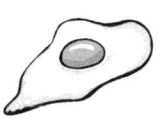

fried egg

ovo estrelado

cheese

queijo

ice cream

gelado

sugar

açúcar

honey

mel

jelly

compota

nougat cream

creme de nougat

curry

caril

farm
quinta

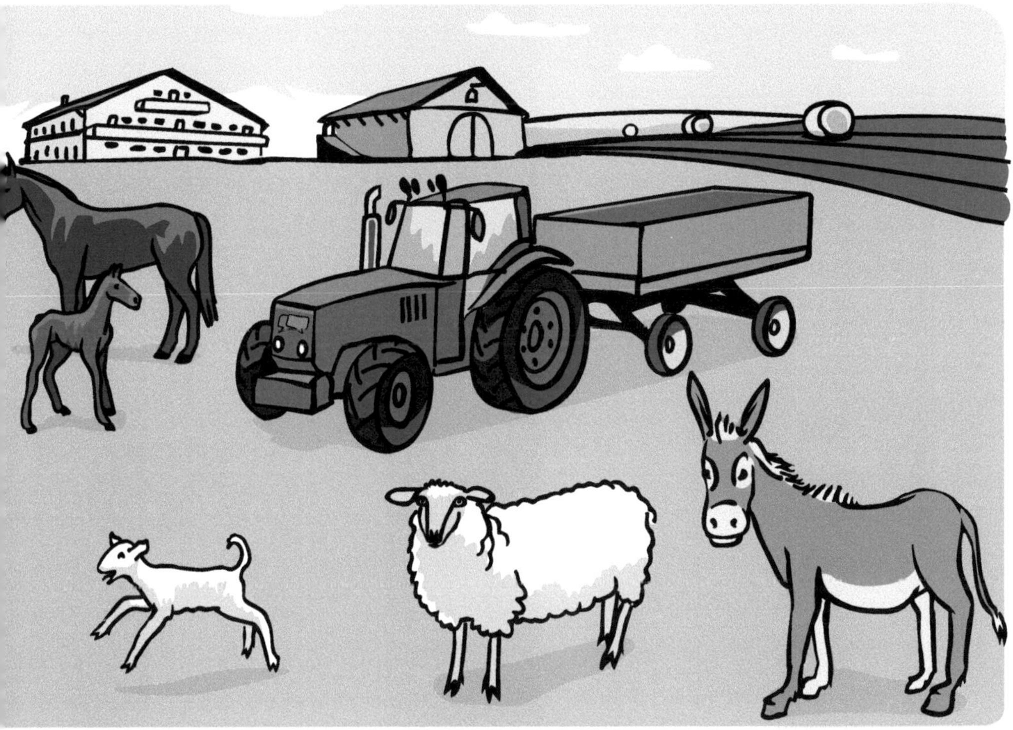

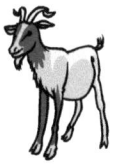

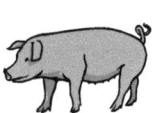

goat
cabra

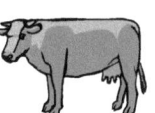

cow
vaca

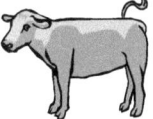

calf
bezerro

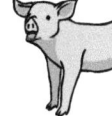

pig
porco

piglet
leitão

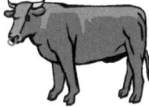

bull
touro

goose
ganso

duck
pato

chick
pintaínho

hen
galinha

cockerel
galo

rat
ratazana

cat
gato

mouse
rato

ox
boi

dog
cão

dog house
casota

garden hose
mangueira de jardim

watering can
regador

scythe
foice

plow
arado

sickle

foice

hoe

enxada

pitchfork

forquilha

axe

machado

pushcart

carrinho de mão

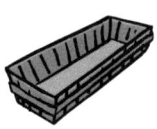

trough

manjedoura

milk can

jarro de leite

sack

saco

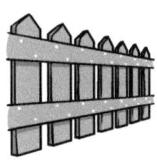

fence

cerca

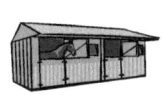

stable

estábulo

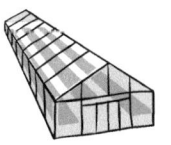

greenhouse

estufa

soil

solo

seed

semente

fertilizer

fertilizante

combine harvester

ceifeira-debulhadora

farm - quinta

harvest

colher

harvest

colheita

yams

inhame

wheat

trigo

soya

soja

potato

batata

corn

milho

rapeseed

colza

fruit tree

árvore de fruto

manioc

mandioca

grain

cereais

house
casa

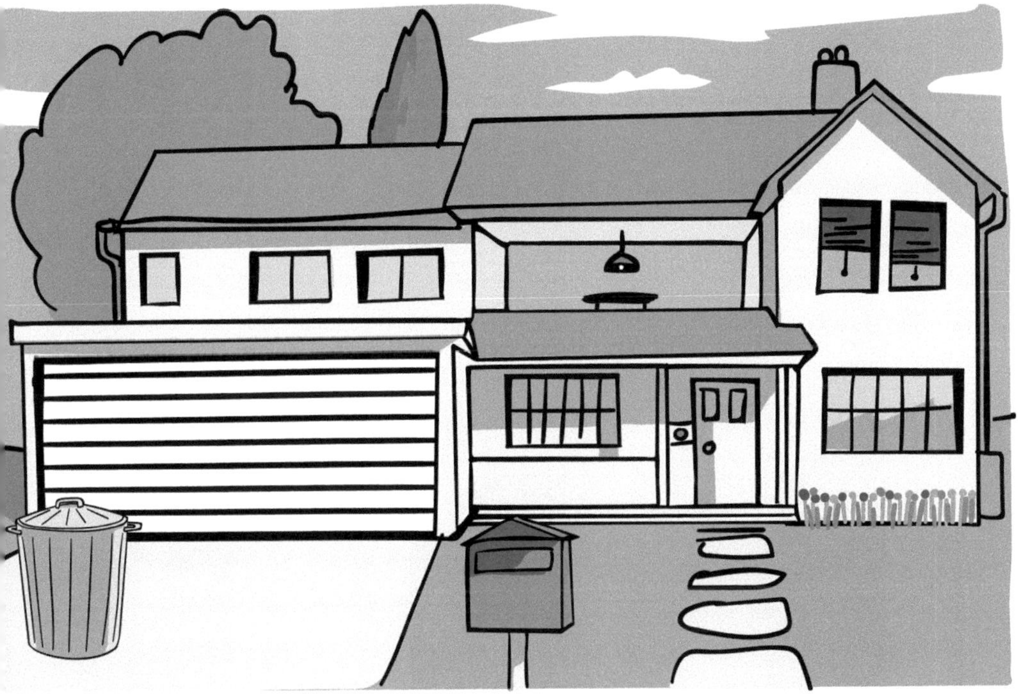

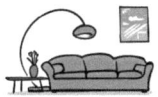

living room

sala de estar

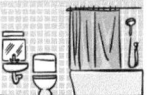

bathroom

casa de banho

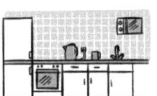

kitchen

cozinha

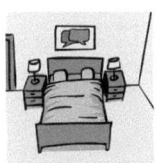

bedroom

quarto de dormir

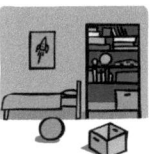

kids room

quarto de criança

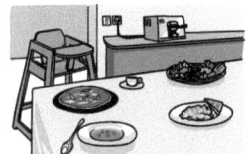

dining room

sala de jantar

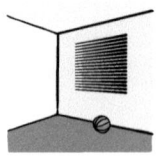

floor

chão

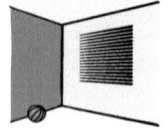

wall

parede

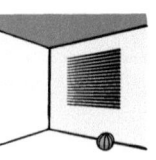

ceiling

teto

cellar

cave

sauna

sauna

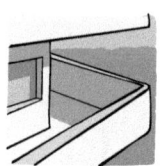

balcony

varanda

terrace

terraço

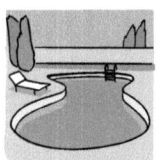

pool

piscina

lawn mower

máquina de cortar relvado

sheet

lençol

bedspread

cobertor

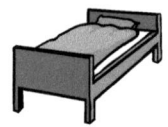

bed

cama

broom

vassoura

bucket

balde

switch

interruptor

living room
sala de estar

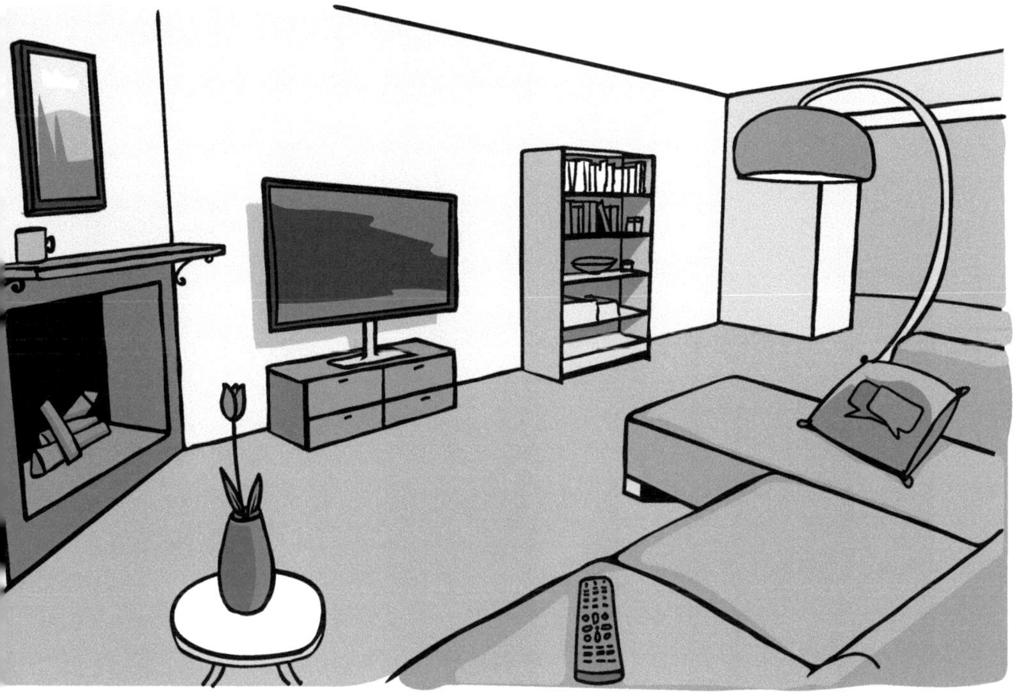

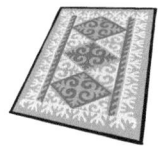

carpet

tapete

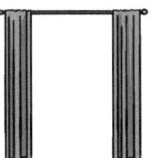

drape

cortina

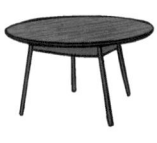

table

mesa

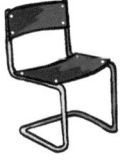

chair

cadeira

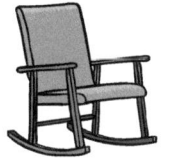

rocking chair

cadeira de baloiço

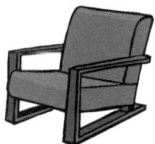

armchair

poltrona

book
livro

blanket
cobertor

decoration
decoração

firewood
lenha

film
filme

stereo system
sistema estéreo

key
chave

newspaper
jornal

painting
pintura

poster
póster

radio
rádio

notebook
bloco de notas

vacuum cleaner
aspirador

cactus
cato

candle
vela

kitchen
cozinha

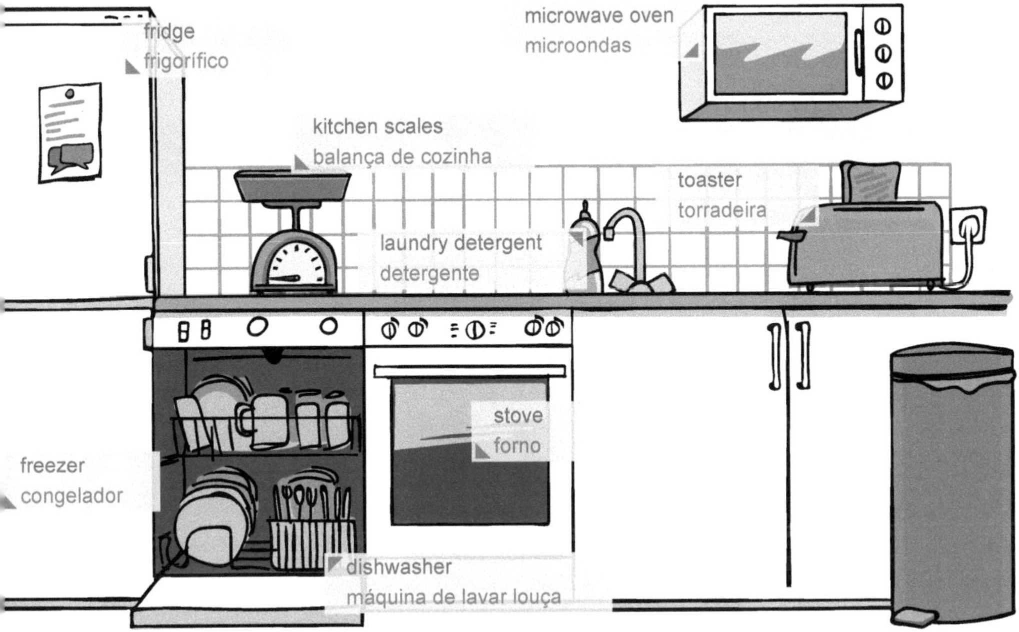

fridge
frigorífico
microwave oven
microondas
kitchen scales
balança de cozinha
toaster
torradeira
laundry detergent
detergente
stove
forno
freezer
congelador
dishwasher
máquina de lavar louça

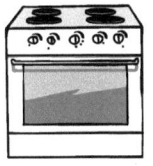

cooker

fogão

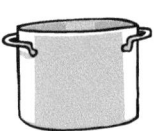

pot

panela

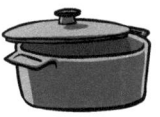

cast-iron pot

panela de ferro

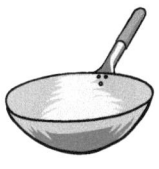

wok / kadai

wok / kadai

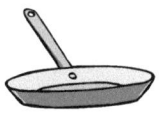

pan

frigideira

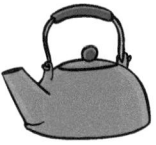

kettle

chaleira

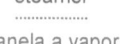

steamer
panela a vapor

baking tray
tabuleiro de forno

crockery
louça

mug
caneca

bowl
tigela

chopsticks
pauzinhos

ladle
concha de sopa

spatula
espátula

whisk
batedor de claras

strainer
escorredor

sieve
peneira

grater
ralador

mortar
almofariz

barbecue
churrasqueira

fireplace
lareira

kitchen - cozinha

chopping board

tábua de cortar

rolling pin

rolo da massa

corkscrew

saca-rolhas

can

lata

can opener

abridor de latas

oven cloth

luvas de forno

sink

lava-loiça

brush

escova

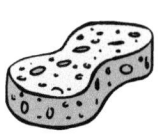

sponge

esponja

blender

liquidificador

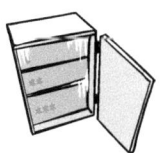

deep freezer

arca frigorífica

baby bottle

biberão

tap

torneira

bathroom
casa de banho

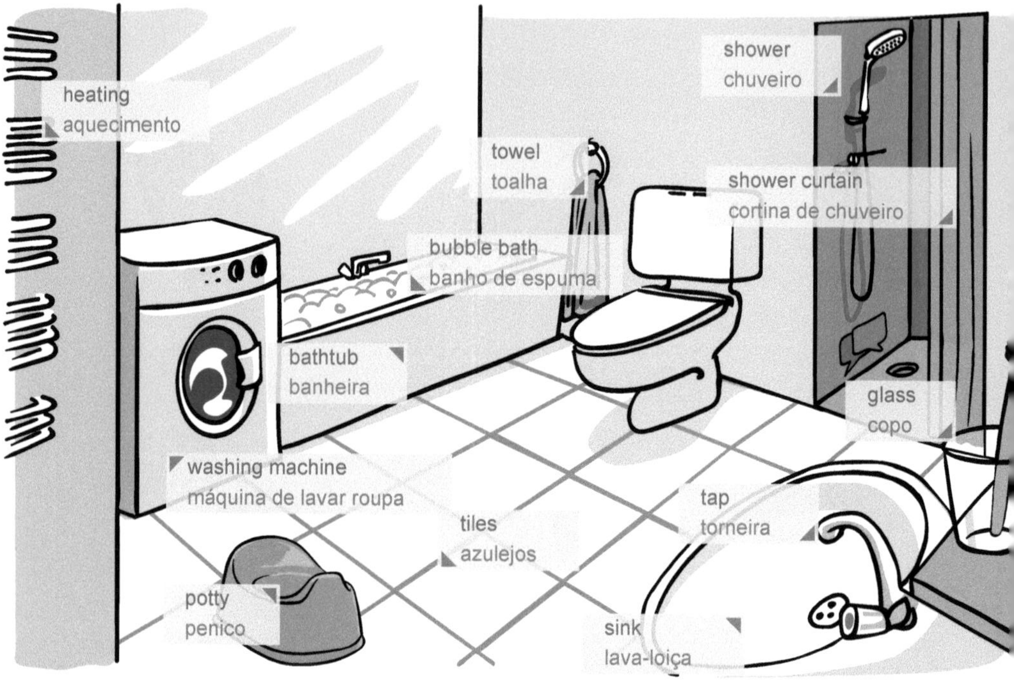
heating
aquecimento
towel
toalha
shower
chuveiro
shower curtain
cortina de chuveiro
bubble bath
banho de espuma
bathtub
banheira
glass
copo
washing machine
máquina de lavar roupa
tap
torneira
tiles
azulejos
potty
penico
sink
lava-loiça

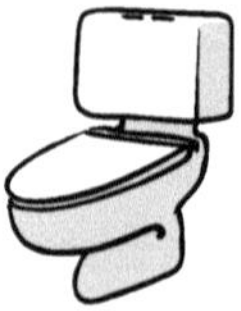

toilet

sanita

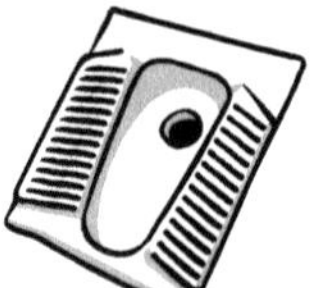

squat toilet

retrete turca

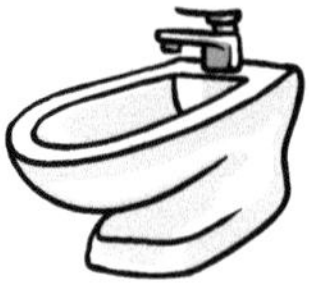

bidet

bidé

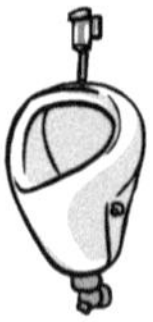

urinal

urinol

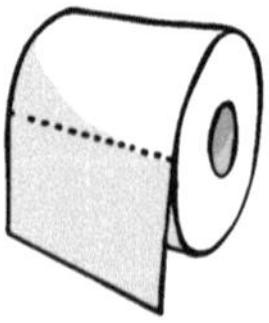

toilet paper

papel higiénico

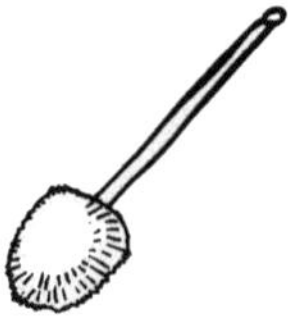

toilet brush

piaçaba

toothbrush

escova de dentes

toothpaste

pasta de dentes

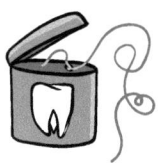

dental floss

fio dentário

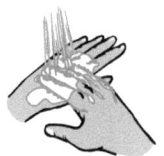

wash

lavar

hand shower

chuveiro de mão

douche

duche íntimo

basin

bacia

back brush

escova para as costas

soap

sabonete

shower gel

gel de banho

shampoo

champô

flannel

toalha de rosto

drain

escoamento

creme

creme

deodorant

desodorizante

mirror	hand mirror	razor
espelho	espelho de mão	máquina de barbear

shaving foam	aftershave	comb
creme de barbear	loção pós-barba	pente

brush	hair-dryer	hairspray
escova	secador de cabelo	spray de cabelo

makeup	lipstick	nail varnish
maquilhagem	batom	verniz de unhas

cotton wool	nail scissors	perfume
algodão	tesoura para unhas	perfume

washbag

nécessaire

stool

tamborete

weighing scales

balança

bathrobe

roupão de banho

rubber gloves

luvas de borracha

tampon

tampão

sanitary towel

penso higiénico

chemical toilet

WC químico

kids room

quarto de criança

alarm clock
despertador
cuddly toy
peluche
toy car
carro de brincar
rattle
chocalho
doll's house
casa de bonecas
present
presente

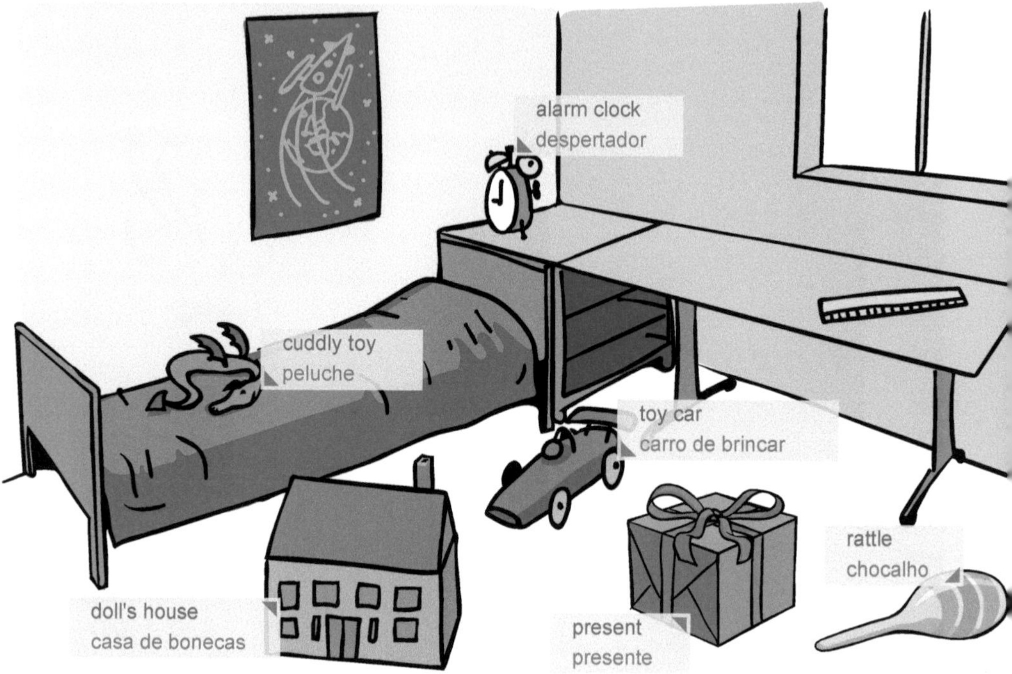

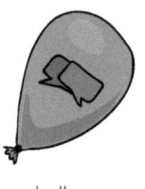

balloon

balão

bed

cama

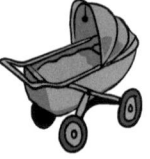

stroller

carrinho de bebé

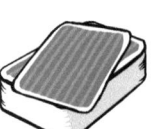

deck of cards

jogo de cartas

jigsaw

quebra-cabeças

SUPER
MEGA

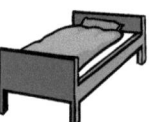

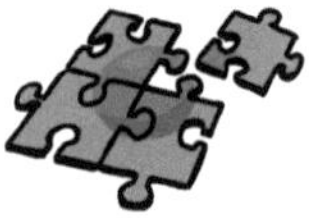

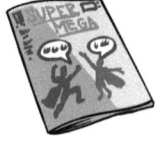

comic

banda desenhada

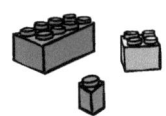

lego bricks

peças de Lego

toy blocks

blocos de construção

action figure

figura de ação

romper suit

fato de bebé

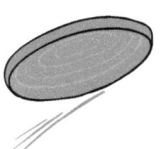

frisbee

Frisbee

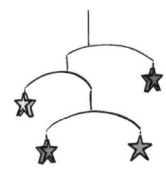

mobile

móbile para bebé

board game

jogo de tabuleiro

dice

dados

model train set

pista de comboio elétrico

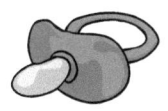

pacifier

chupeta

party

festa

picture book

livro ilustrado

ball

bola

doll

boneca

play

jogar

sandpit

caixa de areia

swing

baloiço

toys

brinquedos

video game console

consola de jogos

tricycle

triciclo

teddy bear

ursinho de peluche

wardrobe

guarda-roupa

clothing
vestuário

socks

meias

stockings

meias pelo joelho

tights

meias-calças

scarf
cachecol

belt
cinto

umbrella
guarda-chuva

t-shirt
t-shirt

sneakers
sapatilhas

boots
botas

slippers
chinelos

sandals
....
sandálias

shoes
....
sapatos

rubber boots
....
botas de borracha

underwear
....
cuecas

bra
....
sutiã

undershirt
....
camisola interior

clothing - vestuário

body
body

pants
calças

jeans
calças de ganga

skirt
saia

blouse
blusa

shirt
camisa

pullover
pulôver

sweater
camisola com capuz

blazer
blazer

jacket
casaco

coat
manto

raincoat
gabardina

costume
traje

dress
vestido

wedding dress
vestido de casamento

suit
fato

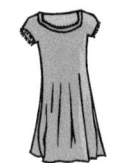

nightgown
camisa de dormir

pajamas
pijama

sari
sari

headscarf
lenço de cabeça

turban
turbante

burka
burca

kaftan
cafetã

abaya
abaya

swimsuit
fato de banho

trunks
calções de banho

shorts
calções

tracksuit
fato de treino

apron
avental

gloves
luvas

clothing - vestuário

button
botão

glasses
óculos

bracelet
pulseira

necklace
colar

ring
anel

earring
brinco

cap
boné

coat hanger
cabide

hat
chapéu

tie
gravata

zip
fecho de correr

helmet
capacete

braces
suspensórios

school uniform
uniforme escolar

uniform
uniforme

clothing - vestuário

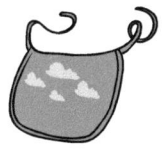

bib

babete

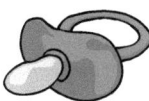

pacifier

chupeta

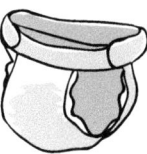

diaper

fralda

office
escritório

server
servidor
filing cabinet
armário de arquivo
printer
impressora
paper
papel
monitor
ecrã
mouse
rato
desk
secretária
folder
pasta
keyboard
teclado
waste-paper basket
cesto de lixo
computer
computador
chair
cadeira

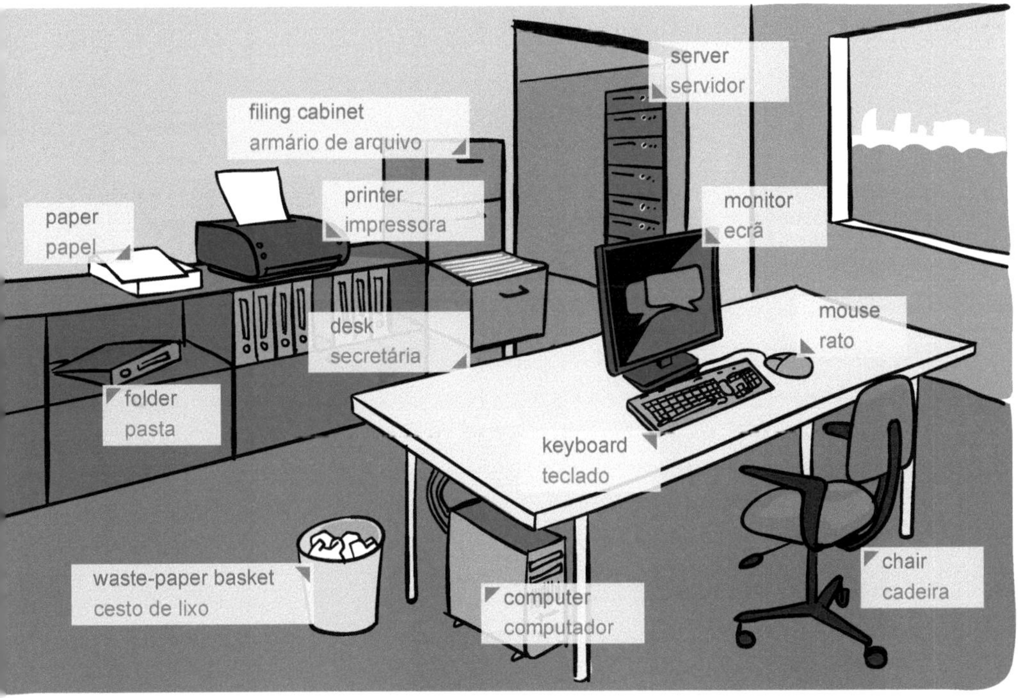

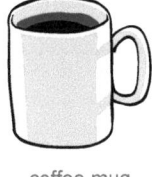

coffee mug

caneca de café

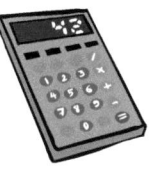

calculator

calculadora

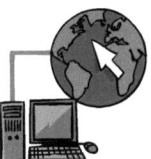

internet

internet

laptop

computador portátil

letter

carta

message

mensagem

cell phone

telemóvel

network

rede

photocopier

fotocopiadora

software

software

telephone

telefone

plug socket

tomada elétrica

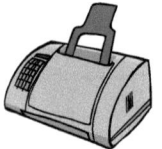

fax machine

fax

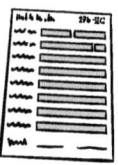

form

formulário

document

documento

office - escritório

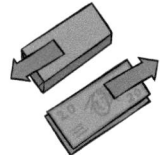

buy

comprar

pay

pagar

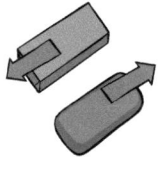

trade

negociar

money

dinheiro

 **USD**

dollar

dólar

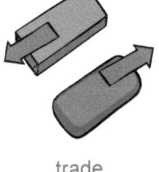 **EUR**

euro

euro

 **JPY**

yen

yen

 **RUB**

rouble

rublo

 **CHF**

Swiss franc

franco suíço

 **CNY**

renminbi yuan

renminbi yuan

 **INR**

rupee

rupia

cash point

caixa de multibanco

currency exchange office	gold	silver
casa de câmbio	ouro	prata

oil	energy	price
petróleo	energia	preço
		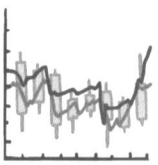
contract	tax	stock
contrato	imposto	ação

work	employee	employer
trabalhar	empregado	entidade patronal

factory	shop	
fábrica	loja	

occupations
profissões

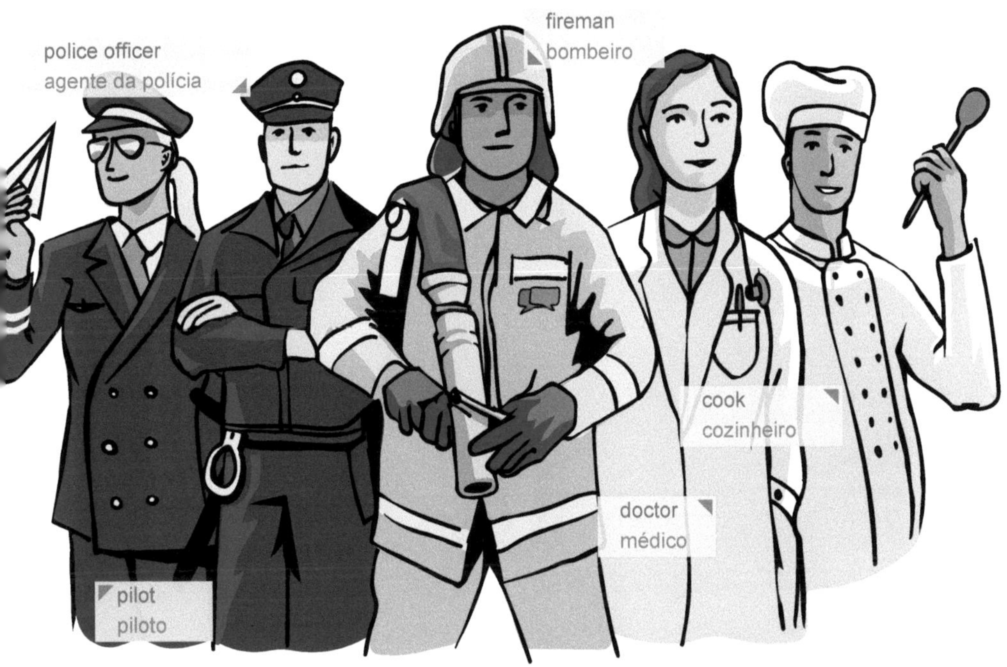
fireman
bombeiro
police officer
agente da polícia
cook
cozinheiro
doctor
médico
pilot
piloto

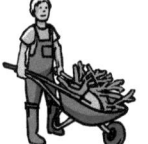

gardener

jardineiro

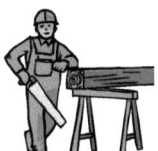

carpenter

carpinteiro

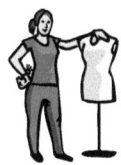

seamstress

costureira

judge

juiz

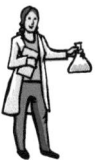

chemist

químico

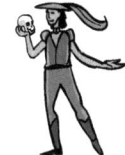

actor

ator

bus driver

motorista de autocarro

taxi driver

motorista de táxi

fisherman

pescador

cleaning lady

empregada de limpeza

roofer

telhador

waiter

empregado de mesa

hunter

caçador

painter

pintor

baker

padeiro

electrician

eletricista

builder

construtor

engineer

engenheiro

butcher

talhante

plumber

canalizador

postman

carteiro

occupations - profissões

soldier

soldado

architect

arquiteto

cashier

caixa

florist

florista

hairdresser

cabeleireiro

conductor

controlador de bilhetes

mechanic

mecânico

captain

capitão

dentist

dentista

scientist

cientista

rabbi

rabino

imam

imã

monk

monge

pastor

pastor

occupations - profissões

tools

ferramentas

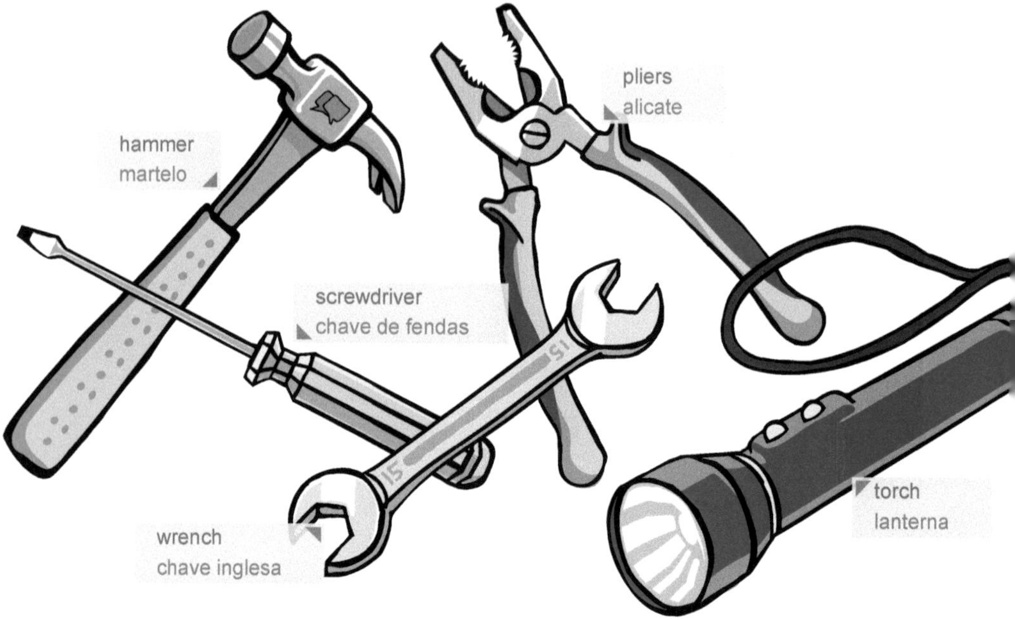

pliers
alicate

hammer
martelo

screwdriver
chave de fendas

wrench
chave inglesa

torch
lanterna

excavator
escavadora

toolbox
caixa de ferramentas

ladder
escadote

saw
serra

nails
pregos

drill
broca

repair
reparar

shovel
pá

Damn!
porcaria!

dustpan
pá de lixo

paint can
pote de tinta

screws
parafusos

musical instruments
instrumentos musicais

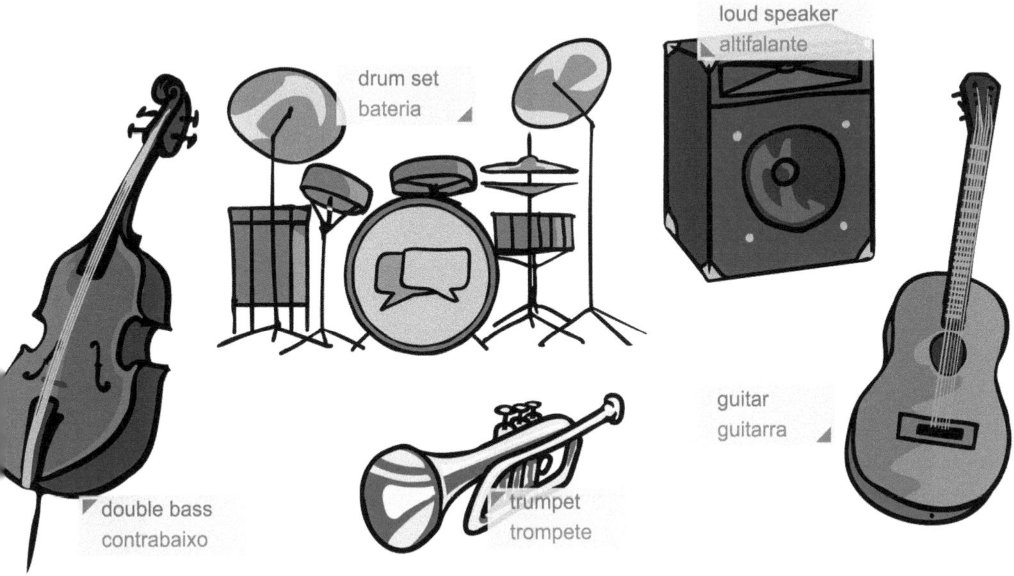

loud speaker
altifalante

drum set
bateria

guitar
guitarra

double bass
contrabaixo

trumpet
trompete

piano
piano

violin
violino

bass
baixo

timpani
timbales

drums
tambor

keyboard
teclado

saxophone
saxofone

flute
flauta

microphone
microfone

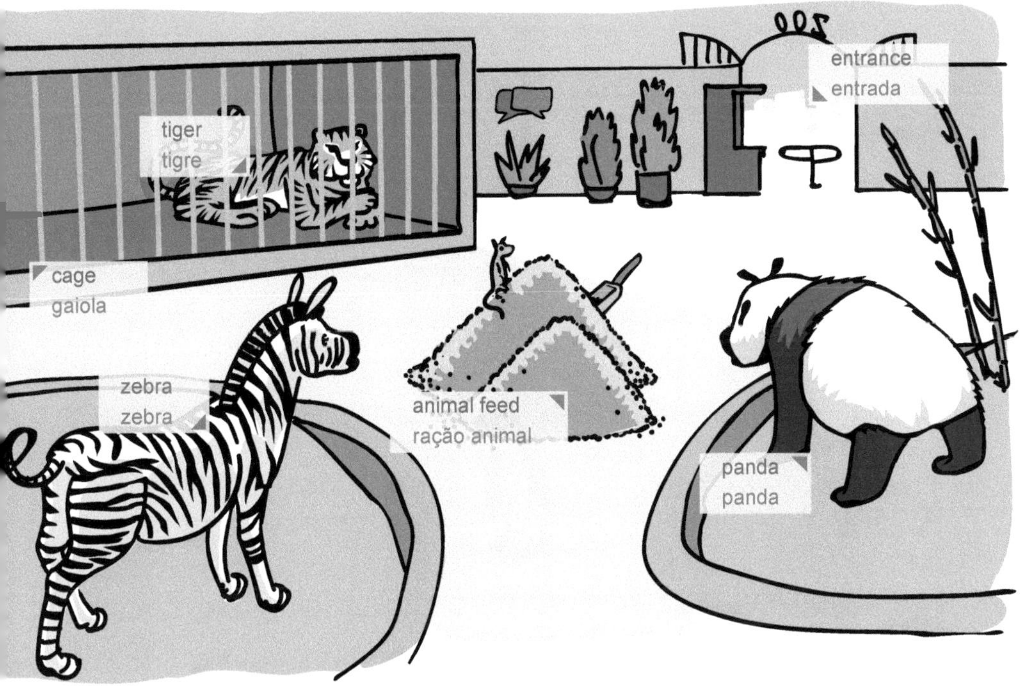

entrance
entrada

tiger
tigre

cage
gaiola

zebra
zebra

animal feed
ração animal

panda
panda

animals
animais

elephant
elefante

kangaroo
canguru

rhino
rinoceronte

gorilla
gorila

bear
urso

camel

camelo

ostrich

avestruz

lion

leão

monkey

macaco

flamingo

flamingo

parrot

papagaio

polar bear

urso polar

penguin

pinguim

shark

tubarão

peacock

pavão

snake

cobra

crocodile

crocodilo

zookeeper

guarda do jardim zoológico

seal

foca

jaguar

jaguar

zoo - jardim zoológico

pony
pónei

leopard
leopardo

hippo
hipopótamo

giraffe
girafa

eagle
águia

boar
javali

fish
peixe

turtle
tartaruga

walrus
morsa

fox
raposa

gazelle
gazela

American football
futebol americano

cycling
ciclismo

tennis
ténis

basketball
basquetebol

swimming
natação

boxing
boxe

ice hockey
hóquei no gelo

soccer
futebol

badminton
badminton

athletics
atletismo

handball
andebol

skiing
esqui

polo
polo

laugh
rir

jump
saltar

hug
abraçar

walk
andar

sing
cantar

dream
sonhar

pray
rezar

kiss
beijar

write
escrever

draw
desenhar

show
mostrar

push
empurrar

give
dar

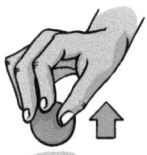

take
tomar

have
ter

do
fazer

be
ser

stand
ficar de pé

run
correr

pull
puxar

throw
remessar

fall
cair

lie
deitar

wait
esperar

carry
carregar

sit
sentar

get dressed
vestir

sleep
dormir

wake up
acordar

look at
olhar para

cry
chorar

stroke
acariciar

comb
pentear

talk
falar

understand
compreender

ask
perguntar

listen
ouvir

drink
beber

eat
comer

tidy up
arrumar

love
amar

cook
cozinhar

drive
conduzir

fly
voar

activities - atividades

sail

velejar

calculate

calcular

read

ler

learn

aprender

work

trabalhar

marry

casar

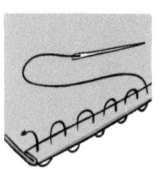

sew

costurar

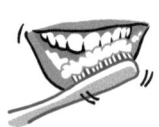

brush teeth

escovar os dentes

kill

matar

smoke

fumar

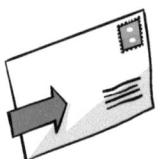

send

enviar

family
família

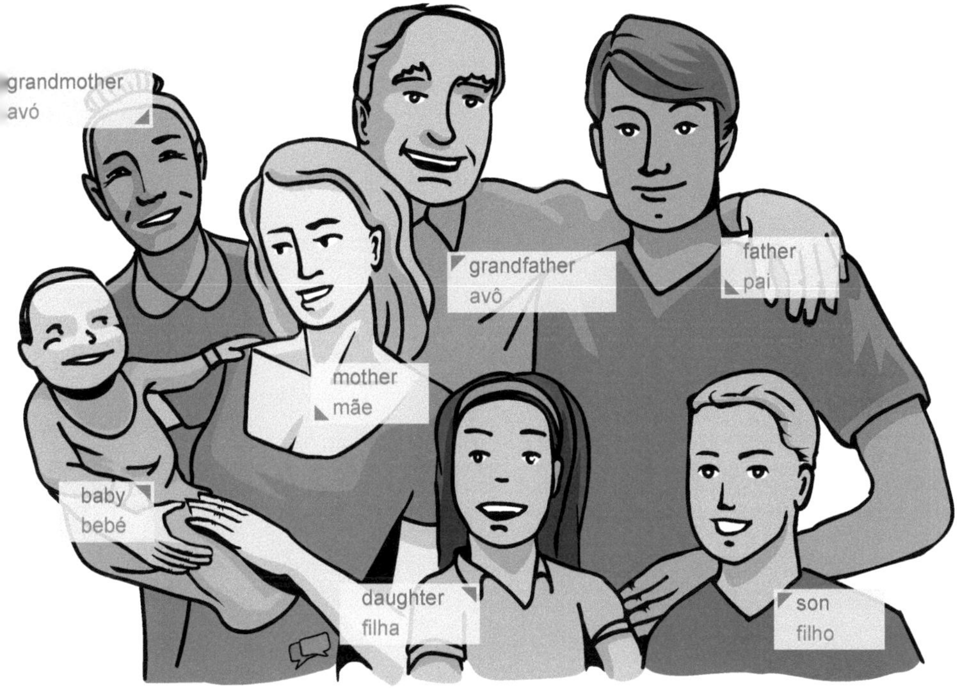
grandmother
avó
grandfather
avô
father
pai
mother
mãe
baby
bebé
daughter
filha
son
filho

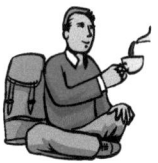

guest
convidado

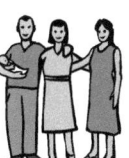

aunt
tia

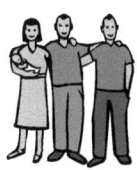

uncle
tio

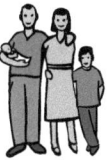

brother
irmão

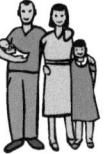

sister
irmã

body

corpo

forehead
testa
eye
olho
face
cara
chin
queixo
breast
peito
finger
dedo
hand
mão
arm
braço
shoulder
ombro
leg
perna

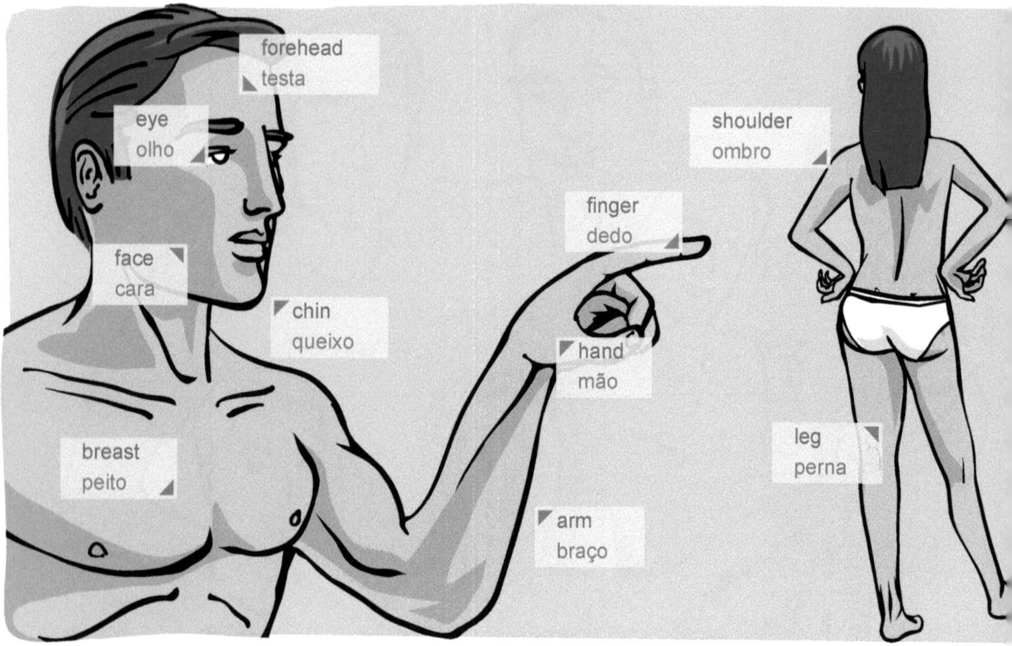

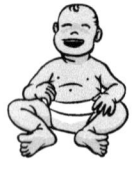

baby

bebé

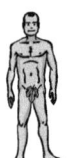

man

homem

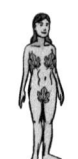

woman

mulher

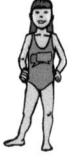

girl

menina

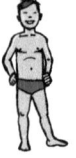

boy

menino

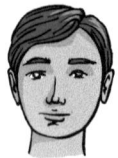

head

cabeça

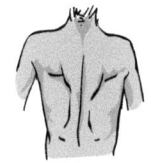

back
costas

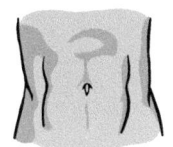

belly
barriga

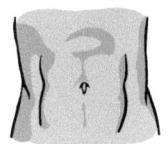

navel
umbigo

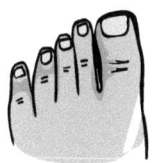

toe
dedo do pé

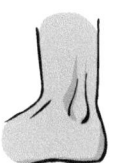

heel
calcanhar

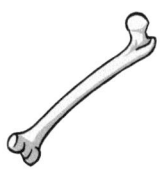

bone
osso

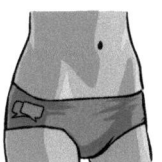

hip
anca

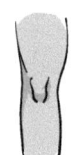

knee
joelho

elbow
cotovelo

nose
nariz

buttocks
nádegas

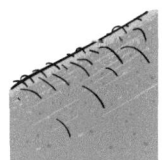

skin
pele

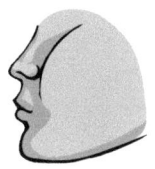

cheek
bochecha

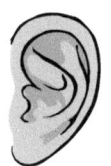

ear
orelha

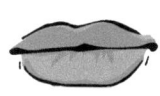

lip
lábio

body - corpo

mouth
boca

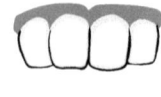

tooth
dente

tongue
língua

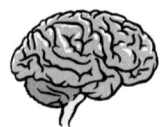

brain
cérebro

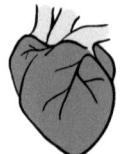

heart
coração

muscle
músculo

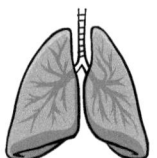

lung
pulmão

liver
fígado

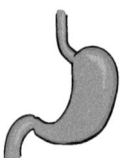

stomach
estômago

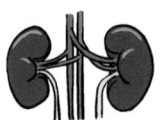

kidneys
rins

sex
relações sexuais

condom
preservativo

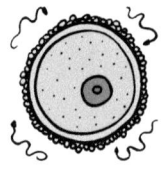

ovum
óvulo

semen
esperma

pregnancy
gravidez

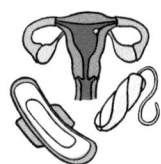

menstruation

menstruação

vagina

vagina

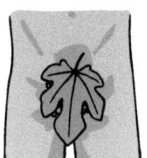

penis

pénis

eyebrow

sobrancelha

hair

cabelo

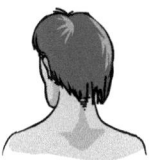

neck

pescoço

hospital
hospital

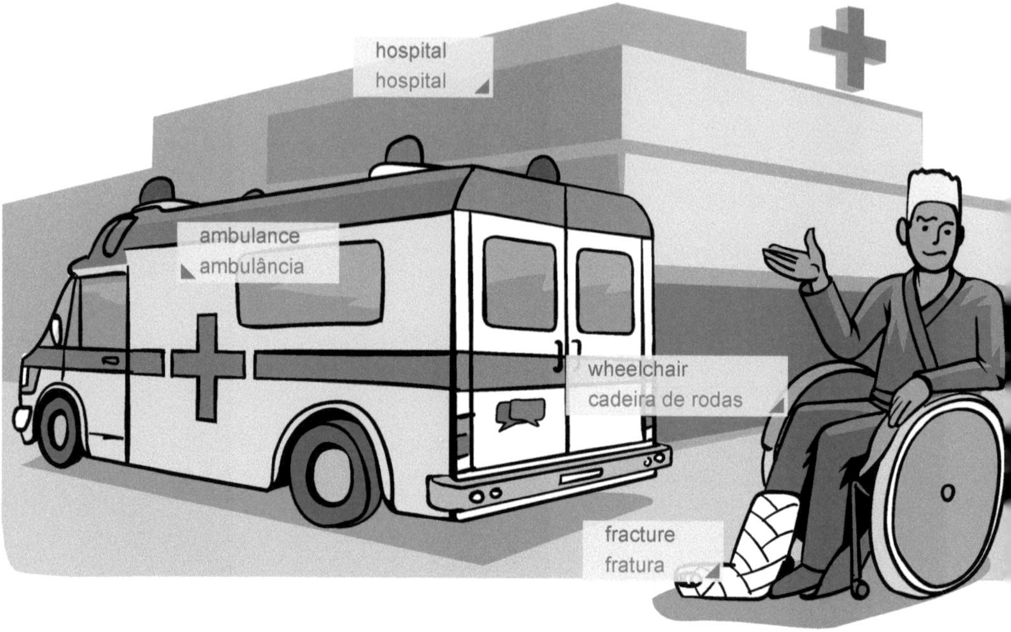

hospital
hospital
ambulance
ambulância
wheelchair
cadeira de rodas
fracture
fratura

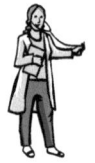

doctor

médico

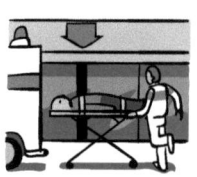

emergency room

serviço de urgências

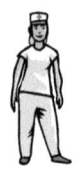

nurse

enfermeira

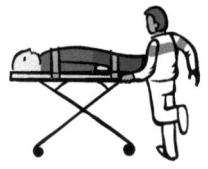

emergency

emergência

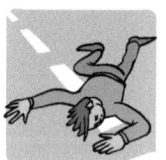

unconscious

inconsciente

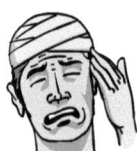

pain

dor

injury

ferimento

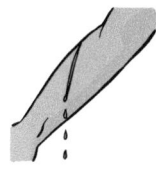

bleeding

hemorragia

heart attack

ataque cardíaco

stroke

cidente vascular cerebral

allergy

alergia

cough

tosse

fever

febre

flu

gripe

diarrhea

diarreia

headache

dor de cabeça

cancer

cancro

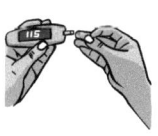

diabetes

diabetes

surgeon

cirurgião

scalpel

bisturi

operation

operação

hospital - hospital

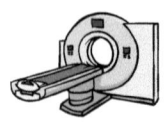

CT

CT

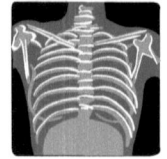

x-ray

raio x

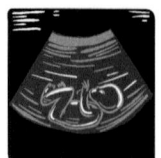

ultrasound

ultrassom

face mask

máscara

disease

doença

waiting room

sala de espera

crutch

muleta

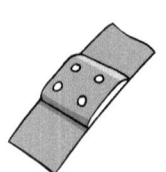

plaster

penso rápido

bandage

ligadura

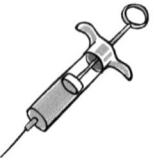

injection

injeção

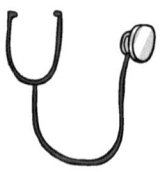

stethoscope

estetoscópio

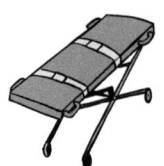

stretcher

maca

clinical thermometer

termómetro

birth

nascimento

overweight

excesso de peso

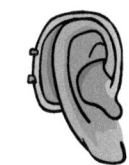

hearing aid

aparelho auditivo

disinfectant

desinfetante

infection

infeção

virus

vírus

HIV / AIDS

HIV / SIDA

medicine

medicamento

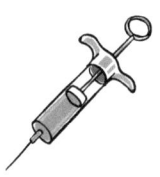

vaccination

vacinação

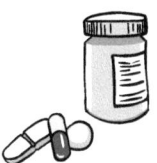

tablets

comprimidos

pill

pílula

emergency call

chamada de emergência

blood pressure monitor

dispositivo de medição de
pressão arterial

ill / healthy

doente / saudável

Help! Socorro!	 alarm alarme	 assault assalto
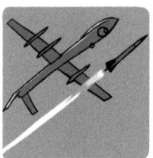 attack ataque	 danger perigo	 emergency exit saída de emergência
Fire! Fogo!	 fire extinguisher extintor de incêndios	 accident acidente
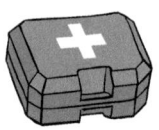 first-aid kit estojo de primeiros socorros	 SOS SOS	 police polícia

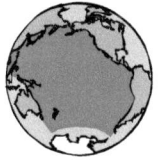

Europe
Europa

North America
América do Norte

South America
América do Sul

Africa
África

Asia
Ásia

Australia
Austrália

Atlantic
Atlântico

Pacific
Pacífico

Indian Ocean
Oceano Índico

Antarctic Ocean
Oceano Antártico

Arctic Ocean
Oceano Ártico

North pole
Polo Norte

South pole
Polo Sul

Antarctica
Antártica

earth
terra

land
país

sea
mar

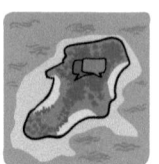

island
ilha

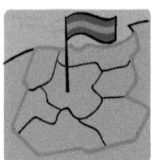

nation
nação

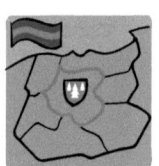

state
estado

clock face

mostrador do relógio

hour hand

ponteiro das horas

minute hand

ponteiro dos minutos

second hand

ponteiro dos segundos

What time is it?

Que horas são?

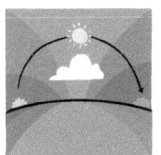

day

dia

time

tempo

now

agora

digital watch

relógio digital

minute

minuto

hour

hora

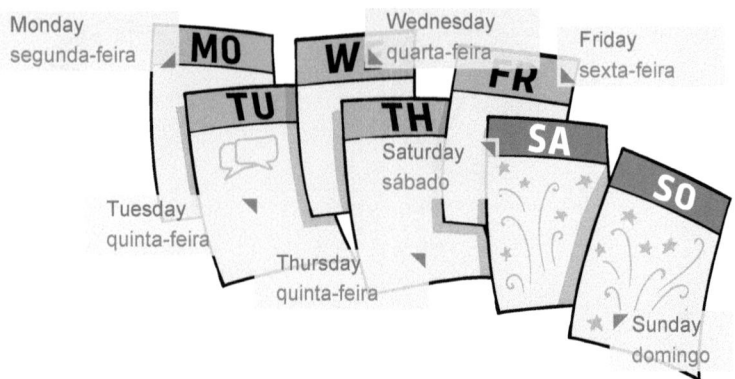

Monday
segunda-feira

Wednesday
quarta-feira

Friday
sexta-feira

Tuesday
quinta-feira

Saturday
sábado

Thursday
quinta-feira

Sunday
domingo

yesterday

ontem

today

hoje

tomorrow

amanhã

morning

manhã

noon

meio-dia

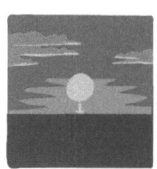

evening

entardecer

workdays

dias úteis

weekend

fim de semana

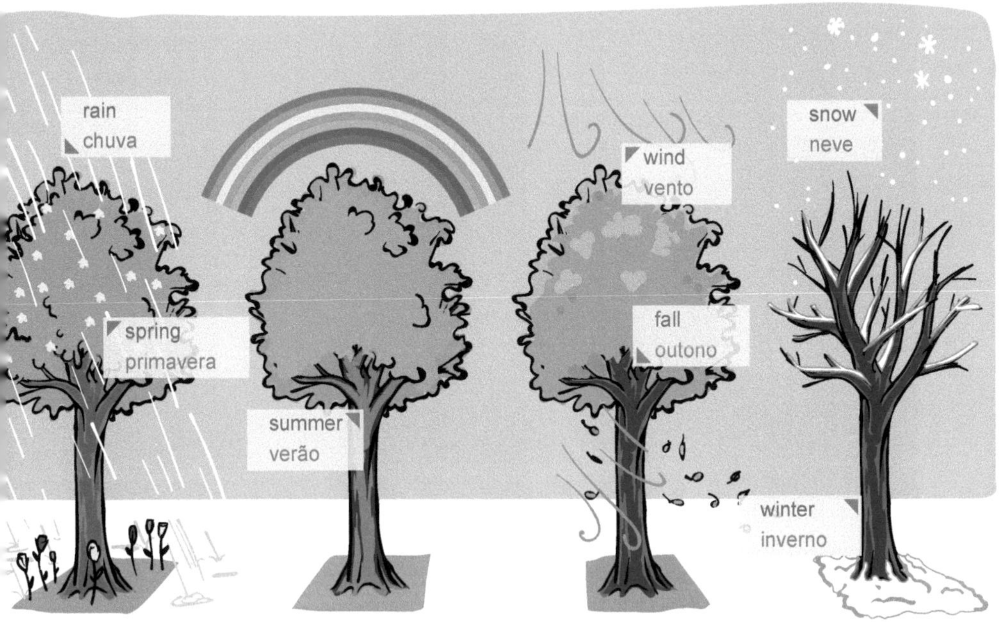

rain
chuva
spring
primavera
summer
verão
wind
vento
fall
outono
snow
neve
winter
inverno

4.APRIL 11°
5.APRIL 4°
6.APRIL 13°
7.APRIL 8°
8.APRIL 10°

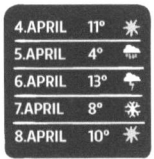

weather forecast

previsão do tempo

F
C
120
90
60
30
0
-30
40
30
20
10
0
-10
-20

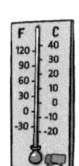

thermometer

termómetro

sunshine

raios de sol

cloud

nuvem

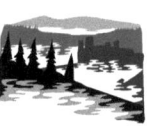

fog

neblina / nevoeiro

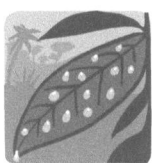

humidity

humidade do ar

lightning

relâmpago

thunder

trovão

storm

tempestade

hail

granizo

monsoon

monção

flood

inundação

ice

gelo

January

janeiro

February

fevereiro

March

março

April

abril

May

maio

June

junho

July

julho

August

agosto

September
....
setembro

October
....
outubro

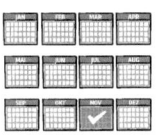

November
....
novembro

December
....
dezembro

shapes
formas

circle
....
círculo

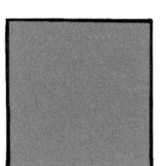

square
....
quadrado

rectangle
....
retângulo

triangle
....
triângulo

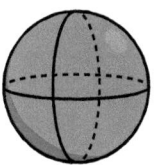

sphere
....
esfera

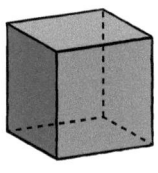

cube
....
cubo

colors

cores

white
....
branco

yellow
....
amarelo

orange
....
laranja

pink
....
rosa

red
....
vermelho

purple
....
lilás

blue
....
azul

green
....
verde

brown
....
castanho

gray
....
cinzento

black
....
preto

a lot / a little

muito / pouco

angry / calm

furioso / calmo

beautiful / ugly

lindo / feio

beginning / end

princípio / fim

big / small

grande / pequeno

bright / dark

claro / escuro

brother / sister

irmão / irmã

clean / dirty

limpo / sujo

complete / incomplete

completo / incompleto

day / night

dia / noite

dead / alive

morto / vivo

wide / narrow

largo / estreito

edible / inedible

comestível / não comestível

evil / kind

mau / gentil

excited / bored

entusiasmado / entediado

fat / thin

gordo / magro

first / last

primeiro / último

friend / enemy

amigo / inimigo

full / empty

cheio / vazio

hard / soft

duro / macio

heavy / light

pesado / leve

hunger / thirst

fome / sede

ill / healthy

doente / saudável

illegal / legal

ilegal / legal

intelligent / stupid

inteligente / burro

left / right

esquerda / direita

near / far

perto / longe

new / used
novo / usado

nothing / something
nada / algo

old / young
velho / jovem

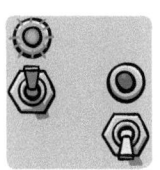

on / off
ligado / desligado

open / closed
aberto / fechado

quiet / loud
baixo / alto

rich / poor
rico / pobre

right / wrong
certo / errado

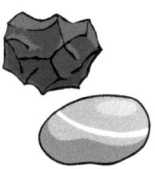

rough / smooth
áspero / liso

sad / happy
triste / feliz

short / long
curto / longo

slow / fast
lento / rápido

wet / dry
molhado / seco

warm / cool
ameno / fresco

war / peace
guerra / paz

0

zero
zero

1

one
um

2

two
dois

3

three
três

4

four
quatro

5

five
cinco

6

six
seis

7

seven
sete

8

eight
oito

9

nine
nove

10

ten
dez

11

eleven
onze

12
twelve

doze

13
thirteen

treze

14
fourteen

catorze

15
fifteen

quinze

16
sixteen

dezasseis

17
seventeen

dezassete

18
eighteen

dezoito

19
nineteen

dezanove

20
twenty

vinte

100
hundred

cem

1.000
thousand

mil

1.000.000
million

milhão

languages
idiomas

English
inglês

American English
inglês americano

Chinese Mandarin
chinês mandarim

Hindi
hindi

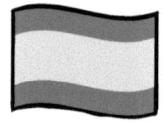

Spanish
espanhol

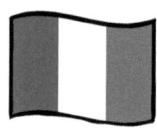

French
francês

Arabic
árabe

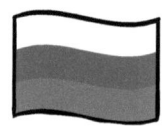

Russian
russo

Portuguese
português

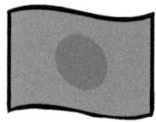

Bengali
bengalês

German
alemão

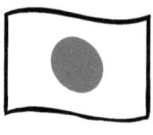

Japanese
japonês

I
eu

you
tu

he / she / it
ele / ela

we
nós

you
vós

they
eles / elas

who?
quem?

what?
o quê?

how?
como?

where?
onde?

when?
quando?

name
nome

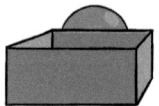

behind

atrás

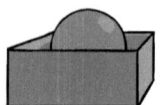

in

em

in front of

à frente de

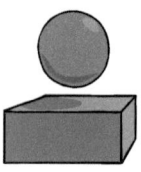

over

sobre

on

em cima

under

debaixo

beside

ao lado

between

entre

place

lugar